I0358259

www.ingramcontent.com/pod-product-compliance
Lightning Source LLC
Chambersburg PA
CBHW061118070526
44583CB00028B/3333
9781778920998

گلزار

دکتر زهره انصاری

سریال کتاب: P۲۴۴۵۱۰۰۱۹۵
عنوان: گلزار
زیرنویس عنوان: شعر نو
شاعر: دکتر زهره انصاری
صفحه‌آرایی: مهری اسکویی
طراح جلد: محبوبه لعل‌پور
شابک: ISBN: ۹۷۸-۱-۷۷۸۹۲-۰۹۹-۸
موضوع: شعر
مشخصات کتاب: قطع وزیری - جلد مقوایی
تعداد صفحات: ۱۹۶
تاریخ انتشار: ژانویه ۲۰۲۶
انتشارات در کانادا: انتشارات بین‌المللی کیدزوکادو

هر گونه کپی و استفاده غیرقانونی شامل پیگرد قانونی است.
تمامی حقوق چاپ و انتشار در خارج از کشور ایران محفوظ و متعلق به انتشارات و صاحب اثر می‌باشد.

Copyright @ kidsocado Copyright©2026
All Rights Reserved, including the right of production in whole or in part in any form.

KIDSOCADO PUBLISHING HOUSE
VANCOUVER, CANADA

تلفن: ۸ ۷۲٤۸ ۳۳۳ (۸۲۳) ۱+
واتس آپ: ۸ ۷۲٤۸ ۳۳۳ (۲۳٦) ۱+
ایمیل: info@kidsocado.com
وب‌سایت: https://www.kidsocado.com

هدیه به تو

ای جاودانه‌ترین

در تمام لحظه‌های بودنم........

آغوش

نه کلامی
نه نگاهی،
نه حتی لبخند یا اشکی...
هیچ نمی‌خواهم.

از این دنیای پرزخمِ خاموش
فقط آغوشت را
به من بده.

بی‌پرسش،
بی‌واژه،
بی‌قانون...

من جز لمس جانِ تو
چیزی نخواسته‌ام.

بگذار تمام جهان
در همان لحظه‌ی یکی شدن ما
فراموش شود.

بگذار من
در تو
تمام شوم...

فهرست مطالب

راز کیمیا ۱۱
ستایش و خواهش ۱۲
دست خود را باز کن ۱۸
سعی کن انسان خوبی باشی، همیشه و در همه جا... ۱۹
در گذر ۲۱
کاش... ۲۲
سلام دل ۲۴
پرواز نگاه ۲۶
گذر عمر ۲۷
درد ۳۰
ردپای تو ۳۱
ریشه در خاک ۳۲
قاب دل ۳۳
راه ۳۴
شکوه خلقت ۳۷
ساحل نیکی ۳۸
قاصدک ۳۹
گریه شعر ۴۲
حقیقت ۴۴
راز سکوت ۴۶
هوای عاشقی ۴۸
شبنمی و آه ۴۹

۵۱	فصل عشق
۵۳	رهایی
۵۴	اشک فرشته
۵۷	سوخته در خیال
۵۹	باز کن پنجره را
۶۳	بی نشان
۶۵	آغوش صدای تو
۶۶	در تنگنای یک گلو
۶۸	اوج خیال
۶۹	ماهکم
۷۱	عمر برفی
۷۲	نور ابدی
۷۳	دعایت می‌کنم
۷۶	راز دل
۷۷	روایت باران
۷۹	بر بال امید
۸۰	درد عشق
۸۱	زندگی
۸۲	زخم ناسور
۸۵	وهم مه آلود
۸۷	مهر ماه
۸۹	پاییز عاشقانه من

سبزترین فصل بی‌برگی	۹۲
دوباره... نفس می‌کشم!	۹۴
نغمهٔ هستی	۹۷
صدایی می‌گوید: وقت رفتن است (بهار نزدیک ست)	۹۸
بهار من	۱۰۳
دلم پرواز می‌خواهد!	۱۰۸
ای مهربان‌ترین نگاه	۱۱۲
تو چندتا؟	۱۱۶
پشت دیوار کاه گلی	۱۱۷
شب یلدا	۱۲۰
کیمیای عشق	۱۲۳
امید	۱۲۵
بیداری	۱۲۶
هدیهٔ هر صبح من	۱۳۰
آغازی دوباره	۱۳۱
روشنایی گم شده	۱۳۳
فریاد خاک	۱۳۴
فصل شکفتن	۱۳۶
امید نیلگون	۱۳۸
گنجشکک‌های بی‌خبر	۱۴۰
از پیله تا پرواز	۱۴۲
نفس گم شده	۱۴۳

معجزه نگاه تو	۱۴۴
بوی آرامش	۱۴۶
شب مویه	۱۴۸
ره‌سپار	۱۴۹
در انتظار بوسه‌ی سحر	۱۵۲
جرعه‌ای نور	۱۵۵
نقاشی بی‌قاب	۱۵۶
به فرزندم	۱۵۸
حماسه	۱۶۱
چشم آسمان: معجزه چشم تو	۱۶۵
آن سوی این دیوارها	۱۶۷
حیرانی	۱۷۰
عبور	۱۷۲
بازگشت به خود	۱۷۴
لبخند نهان	۱۷۷
کیمیای هستی	۱۷۹
هنوز...	۱۸۱
پیام بهار	۱۸۲
و چنین است...	۱۸۳
فراموش خانه	۱۸۶
آغوش	۱۸۸
خواب آخر	۱۸۹
تبسم آواز	۱۹۴

راز کیمیا

می‌جستمت و نمی‌یافتم،
داشتمت و نمی‌دیدم.

در آینه‌ی درون،
تصویر تو و خیال من.

در گذر زمان،
من و سایه‌ای گم شده
در جستجوی تو.

همچنان
بر بستر لحظه‌ها
در انتظارم،
تا جز در تو
خود را نیابم.

ستایش و خواهش

سکوت
از پنجره فرو می‌ریزد.
سر بر بالشِ آرامش می‌گذارم
و دل را به آغوشِ خاموشِ شب می‌سپارم

در نگاه روشن روز
باغچه از خوابِ خاک برمی‌خیزد
و من،
چشم در چشمِ آبی آسمان
با تو سخن می‌گویم.

تو را در نغمه‌ی باد می‌شنوم،
در لرزشِ برگ،
در ترنم باران،
در لبخندِ خورشید،

خدایا،
جهانت چون چشمانِ معشوق زیباست.
و دلم،
چون کودکی عاشق،
در آغوشِ این زیبایی
آرام می‌گیرد.

عاشقم
بر روشنایی
بر بی‌کرانگی
و بر تو.
ای زیباترین!

مگذار،
دست زشتی
بر این پرنیانِ نازکِ خلقت سایه بیندازد...

بسیار فراموشت کردم،
اما تو هر بار
با دستانی از نور
مرا از تاریکی بیرون کشیدی

ای پنهان‌تر از خیال،
ای پیداتر از هر حضور،
مرا را ببخش،
و خطاهایم را
در آغوش بی‌کرانِ بخشش خود
پنهان کن.

می‌دانی
در دلم آتش تو می‌سوزد،
نه عابدانه،
که عاشقانه.

خدایا!
دانشم ده!
نه آن که تاج غرورم شود،
و از لمس ساده‌ی انسان بودن
بی‌نصیب کند....

نه آن دانشی
که مرا آغشته‌ی آرزوهای واهی کند.
مرا گم کند در خیل مریدان
بی‌دوست،
بی‌آیینه
بی‌نفس گرم یاران...

دانشی ده
نوری خاموش نشدنی
در دل تاریکی‌ها،
تا درون سینه‌ام را

به چراغی بدل کند.
که دست هیچ پلیدی
به آن نرسد.

خدایا!
بینشی عطایم کن،
خالی از قضاوت،
تا در نگاه دوستان
صداقت را بشناسم
و در آغوششان
امنیت را احساس کنم.

از زخم دشمنان
در امانم دار،
که من با آفریده‌های تو
دشمنی و عصیان نکرده‌ام،
تنها زندگی را بغل کرده‌ام؛
در صلحی خاموش...

مَپسند، ای راز پنهان،
که طنین نام تو
در گوشم بشکند،

حرمت درگاهت تو را،
هیچ ناچیز مخلوقی
نخواهد شکست!

خدایا!
بردباری‌ام ده!
چون آب
جاری‌ام کن،
تا بگذرم،
بشویم،
و نمانم.

تا جهان با چنگال‌های تیز و زبر خود
نخراشد ایمانم را
به خوبی و زیبایی،
به انسان بودن،
به تو
ای جاودانه در من...

خدایا!
گوهر عشق را از من مگیر..
این آتش، هرچند سوزان،

لطافت لحظه‌های من است
و گرمای هر نگاهم؛
روحم را روشن می‌کند.

تنهایم مگذار،
شب بی عشق
بسیار سرد است.

رهایم مکن!
بی تو در من
جز پژمردگی چیزی نمی‌ماند.

لحظه‌ای بی عشق،
روح مرده‌ای هستم
که در کوچه‌های بی‌نام،
دنبال خود می‌گردد...

دست خود را باز کن

با دلم یکبار دیگر قصه دلدادگی آغاز کن
خالی و سرد است دستم بی تو؛ جانا!
دست خود را بازکن!

دیشب از گلزار رویاها برایت یک سبد گل چیده‌ام
تا کنم سرمستت از عطر شقایق،
دست خود را باز کن!

تا نسیم صبح راهی شد به سوی منزلت از این دیار
هر نفس را بوسه دادم در هوایت،
دست خود را باز کن!

در شب طوفان و سیل حادثه، فانوس راهت
ارمغانی کرده‌ام این هر دو دیده،
دست خود را باز کن!

در خیالم با نوازش‌های انگشتان نرمت تا سحر
فارغ از غم همچو طفلی آرمیدم،
دست خود را باز کن!

آسمان سرمست و زهره می‌نوازد چنگ تو
مه خراب از عشق تو، افتان و خیزان،
دست خود را باز کن!

سعی کن انسان خوبی باشی، همیشه و در همه جا...

می‌گویند
کلاغ‌ها سیاهند و
مظهر کدورت و تاریکی

می‌گویند
صاعقه مخوف است
رعد دلهره می‌آورد

می‌گویند
راهزنان در خانه شب
چشم انتظارند
شب مونس قاتلان است
همدم تاریک سرشتان

می‌گویند
عشق کور است
و عاشق
در قعر چاه مدفون و فراموش شده

اما من
چه بسیار صبح‌های روشن را
با سلام کلاغ‌ها آغاز کرده‌ام!

اما من
چه بسیار باران‌های رحمت را
در پی رعد دیده‌ام!

و چه بسیار شب‌ها
مونس سکوت تیره‌ی زمان بودم

و در سکوت
یکی از همان شب‌ها
عاشق شدم

و دیدم عاشقی را
که می‌خواست عاقل باشد
و بر تابوت دلش
گریستم

گفته‌اند
و باز هم خواهند گفت

اما من دیده‌ام
خوب بودن ساده است،
وقتی
خودت باشی...

هدیه به برادرم که گفت:
سعی کن جوری زندگی کنی که شرمنده تصویر
درون آینه نباشی

در گذر

مرداب پیری
در خواب سنگین
آرام و دل خوش

مهتاب زیبا،
در خواب مرداب
مجنون و مدهوش

ابری به ناگه، بی‌تاب و سرکش
مهتاب را کشت!

در خواب مرداب
آلاله پژمرد
نیلوفری مرد...

کاش...

کاش
کبوتری بودم!
نه برای پرواز
بلکه برای رفتن
برای رهایی از این خاک
از این خستگی
از این تکرار

کاش
کبوتری بودم
با شانه‌هایی نحیف
و دلی پر از هراس
بر بال‌هایی سبک
عبور می‌کردم

در جستجوی حقیقتی
که در من
گم شده

درتمنای آزادی
جایی که قفس‌ها
رنگارنگند

کاش
کبوتری بودم
در سکوت غروب
برای فرار از خاطرات
از آغوش‌های پوشالی
از واژه‌های ناگفته

کاش
پر می‌کشیدم
و در هر پر زدن
شوق گریختن را
و ترس به دام افتادن را
و گم شدن بوسه‌ای را
در باد
احساس می‌کردم

سلام دل

با یک سلام
بار دگر زاده شد دلم

با یک سلام
خورشید زندگی من
دوباره طلوع کرد

در بهت این کویر
دنیا نهادم به سویی و
دل را به دیگری

در این کویر
سرسبزم و پرگل

چشمه‌ی پرآب حیاتم
به شوق تو

با یک سلام
بار دگر زاده شد دلم...

مست است و بی‌قرار
دلم

معراج می‌کند روح
تن به زیر می‌کشدم
خاموش می‌نشینم و هیچم
تهی ز درد

در این سکوت
پژواک لحظه‌های تو در من به زندگی است

پرواز نگاه

با نگاهت پرواز
تا فراسوی خیال
به من سوخته دل آسان است

در سکوتم پرم از شور صدای تو

تو همه جان جهان در نگهت ریخته‌ای،
من، همه جان به حریم نفست، باخته‌ام!

تپش نبض زمان را
در نفس‌های تو آرم به شمار

نرمی نازک جانت
نرمی تازه گلبرگ بهارست
بهشت است
در آغوش تو
به گرمای نگاه تو...

گذر عمر

باز در این حلقه بی‌تابم!

با سرانگشت خیالم
تاب گیسوی زمان را
نرم از هم می‌گشایم

حلقه‌های وصل جانم می‌رسد
تا کودکی شاداب و چست
تا جوانی پر ز شور عاشقی

کودکی
اندر زلال چشمه‌ها،
بی‌تاب و مست!
تن سپار حادثه
فارغ از این فردا
از آن دیروزها

نرم نرمک در نگاه آینه
کودک، جوان شد
شاهوار
بر توسن امید و شادی‌ها سوار
تن سپار حادثه

فارغ از فردا
از آن دیروزها

واژه‌ها خاموش!
خاموشتر از فانوسِ این دریای خواب....

اینک اندر پرنیان خاطره
نرم می‌رقصد نگاهم
روی نقش روزگار

از غبار راه
بر سرم گردی نشسته
رد پا بر چهره‌ام!
در پس لبخندهایم راز موزونی، خموش

می‌دَوم،
چون آهوی سرگشته‌ای در دام دشت
دست‌هایم
راه دستان تو را گم کرده‌اند

در درونم
کودکی با جامی از لبخند

بر بام بلند زندگی
می‌زند هرروز بانگ تازه‌ای

در درون کاسه چشمم
نشسته کودک دیروزها

در درونم
عشق برناتر ز دوران جوانی
آتشین و سرکش است

در درونم شعله‌ی شمعی است
شوق یک پروانه چون اشکی
درون کاسه چشمش....

درد

درد ماندن در هیاهوی سکوت

درد نایی خسته در زندان ظلم

درد بی‌خویشی
درون خویشتن
در بند تنهایی اسیر

پیر شد باغ دلم
پیر شد مرغ سخن
پیر شد دست سپید یاسمن،

درد این تنهایی و وهم سکوت
همچنان تازه جوانی می‌کند...

ردپای تو

نِگه بر اَبر می‌دوزم
تنم درگیر این خاکست
نگه بر آسمان دوزم دمی
شاید بیابم ردپای تو

به سوی دشت می‌تازم
سپیده
پیکر خورشید در خون است
نگه در نور می‌دوزم دمی
شاید بیابم رد پای تو

سفر آغاز کردم
چشمه ساری شد
به دریا راه زد اشکم
نگه در آب می‌دوزم دمی
شاید بیابم رد پای تو

درون سینه‌ام، در دل
صدایی می‌کند آواز
نگه در عشق می‌دوزم دمی
در رد پای تو...

ریشه در خاک

درخت بید پیر
پیوند عشق ماست در آن خاک

توگر چون ریشه در خاکی
منم چون شاخه‌ی بشکسته اندر باد

جهان را گشته‌ام
زخمی‌تر از هر برگ زیر پا

به هرجا می‌رسم
بذری می‌افشانم
به مستی و نشاط
آواز می‌خوانم

منم یک شاخه تنها
هزاران شاخه چون من
بسته بر پیمان آن پیریم
بر آن ریشه در آن خاک...

قاب دل

باد با خود
بوی سنبل آورَد
عطر یاد تو
به جانم می‌دمد

نرم نرمک
غنچه‌ها سر می‌زنند
در دلم یاد تورا می‌آورند

رقص گلبرگ شقایق در نسیم
بوسه خورشید بر رخسار گل
یاد آن آغوش گرم و مهربان تو...

دلخوشم
تنها به کنج خلوتم با خاطرات
عکس تو در قاب دل
آرام جان...

راه

دلم که بشکند
چشمانم که مه آلود شوند
قدم خواهم زد

جاده هنوز ادامه دارد
درخت‌ها همچنان سبزند

پایان راه نزدیک است

ناجی

از من و با من
در من و برتر از تن

عاشقت شدم؛
هرچند ندیده بودمت!

بیگانه با گرمی نفس‌هایت
ننواخته بوسه‌ای بر پرند انگشتان تو
عاشقت شدم!

عاشقت شدم
هرچند در خیال من بودی!

آمدی
زیباتر از هستی
زیباتر از بوسه خورشید بر رخسار گل
زیباتر از جلوه نسیم در شکوفه‌زار

دمی نشسته در بیکران نگاه پاک تو
دمی به پرواز در آسمان مواج گیسوانت

محو
در آغوش امن تو
خالی ز دغدغه و ترس
مست عطر یاس
بر بسترت با فرشتگان
شعر می‌سرایم...

لبخند تو
طلوع نوری دیگر
بر این دل شیدا!

بر بال سیمرغ می‌نشینم
تا دروازه خورشید پرواز خواهم کرد
بر جام نقره فام ماه بوسه خواهم زد

برای تو
تا افق پیاده سفر خواهم کرد

ناجی من
در آوای سکوتت بلندترین طنین عشق جاری
در اوج درد، التیام تمام آلام
فرشته‌ای در دامان من
کیمیای زندگانی...

شکوه خلقت

چه فرق می‌کند
اگر تو سبزی و بر شاخ
و من زردم و بر خاک

اگر سرخیم و در دست باد
مهمان امروز و فردا

چه فرق می‌کند
به کدامین رنگ می‌روییم
و به کدامین رنگ فرو می‌ریزیم

من و تو زاده یک درختیم
ریشه در یک خاک
از یک باد فرو می‌افتیم
و در دل یک خاک، خاکستر خواهیم شد

تو را با همه رنگ‌هایت دوست دارم
تو همراه منی
جلوه زیبای زندگی

شکوه خلقت
از رنگ‌های زیبای ماست
در کنار یکدیگر...

ساحل نیکی

هر غروب
بر لب ساحل نشیند یک پری؛
مست آبی دو چشمش موج و من.

در سکوت لحظه‌ها
با هر تپش از قلب او
امواج رقصان می‌شوند

با سرانگشتان نقره می‌نویسد روی آب
"مهربانی ساده است"

ماه می‌خندد
پری، تا صبحدم،
با ناز می‌رقصد

شبی پنهانکی، از لابلای ابرها،
مهتاب بی‌تابانه
بر رویش دهد بوسه

ز شرم عشق
شب در ظلمتش گم می‌شود.

من، با دلی باران زده،
بر روی شن‌ها
رد پای نقره فامی را
کنم دنبال....

قاصدک

قاصدک؛ هان!
چه شنیدی که شدی مست و خراب؟
داده‌ای دامن دل در هوس باد به باد؟

قاصدک؛
جور و جفا بند ز بندت بگشود!
باز هم راست کنی قامت و خندی آزاد؟

نکند عاشق و شیدا شده‌ای؟
سخنی تازه شنیدی؟
رسوا شده‌ای؟

نکند گم شده مجنون و پی‌اش می‌گردی؟
یا که مجنون دل لیلی دیگر شده‌ای؟

قاصدک!
در نفس باد بسی حادثه است
بین ذرات هوا
بین این قطره و آن قطره‌ی دریا
موج‌ها فاصله است
قصه از کشتن شب در غم این فاصله‌هاست

شهر دل در پی فانوس شبی می‌گردد
موج دریای زمان دستخوش واقعه‌هاست
ما چه کردیم درین بهت غم آلود زمان؟
تو زدی پر به هوا
من نشستم به فغان

تو به هر زمزمه‌ی باد
شدی مست و خراب
سر هر شاخ دلی
گاه نشستی
گاه رقصان و خرامان با ناز

شاهد حزن زمان
من بودم.
عاشق سوخته‌ای در غم آن یار و دیار
من بودم

شاهد روز و شب و هفته
به هرفصل
به هرسال دگر
من بودم

شاهد گلشن و باغ و چمن و فصل خزان
شاهد سردی شب‌های زمستان
همه جا من بودم

کاش یکبار خبر می‌دادی
که گلی تازه بروییده میان صحرا
که ستم را کشتند
که به رگ‌های زمان، خون سپیدی جاریست

کاش این بار که آهِ نفسی بر تو رسد
زود رقصان نشوی در برِ باد
رسم غمخوار شدن رفتن نیست

دل آذر امسال
پُرِ برفی است
سپید!

قاصدک!
باد بهاران امسال
بوی شقایق دارد...

گریه شعر

دیرگاهیست که می‌گرید شعر
زیر بی‌نظمی باران کلام

فصل باران زدگیست
فصل تنها شدن واژه و سیل کلمات
فصل طوفانی آشوب سخن
فصل بی‌آبی ذهن علف است

باغ در حسرت دیدار گل داوودیست

دیرگاهیست که می‌گرید شعر
واژه‌ها خسته، قلم‌ها بسته

سایه‌ای نیست در این آبادی
نه فروغی، نه امیدیست به آزاد شدن
چه سپهری است که مهتاب شبان
گریانست؟

کهربایی شده احساس کلام
دلِ تبدار سخن
تشنه‌ی آشتی است

واژه‌ها بیمارند
واژه‌ها یخ زده و سرد
واژه‌ها تب دارند!

زیر طغیان تباهی کلام
شعر باران زده،
محتاج به چتر دل ماست...

حقیقت

پیراهنی فاخر بر تن
ایستاده در آیینه‌ی خیال
وهمی باوقار؛
نامش: حقیقت

گاه پنهان در لبخندی نرم
گاه جاری در اشکی بی‌صدا
نه سپید است، نه سیاه
زاده‌ی دل من و تو
نامش: حقیقت
گاه در جامه عدالت
بی‌آنکه عدالتی باشد
گاه در پرده‌ی ترس
زمزمه می‌کند
از آن چه باید باشد، نه آن چه هست
نامش: حقیقت

دراین آیینه‌ی بی‌رحم
زخم‌ها عریان می‌شوند
ایستادن در سایه وهم
آسان‌تر
از دیدار آفتاب واقعیت است

انسان‌ها
دروغ را می‌پذیرند
و می‌گریزند
از آیینه‌ای که روشن است
نامش: حقیقت

راز سکوت

گاه سکوت کن
مهار کن این تازیانه را
در نیام دار این خنجر را

می‌پنداری همه را دیده‌ای؟
همه‌ی داستان‌ها را می‌دانی؟

نمی‌دانی
درون دستکش‌های حریر
دست‌هایی سوخته‌اند
که عشق را
از دل آتش بیرون کشیده‌اند

گاه سکوت کن
صدای زنجره‌ها را خواهی شنید
با تو خواهند گفت
راز درخت شناور زندگی را

با تو خواهند گفت،
راز شاخه‌های رقصان را

تو می‌پنداری
چه بی‌پرواست
این درخت بی‌ریشه‌ی روزگار؟

نمی‌دانی
غرق در این سیلاب
به جستجوی خاک خود
تا کجا ریشه دوانده است!

هوا سرد است!
دل چون حبابی نازک
صدای شکستنش را
می‌شنوی؟

هوای عاشقی

اگر ابری است امشب
یا که بارانی

اگر استاره‌ها بر آسمان‌ها
در چراغانی

اگر بی‌تابی مهتاب و پروین است
در دریای طوفانی

اگر آرامش موج است، در آغوش ساحل
بعد حیرانی

اگر سبز است یا آبی
کران تا بیکران این شب تاریک و ظلمانی

دلم امشب نمی‌گیرد خیالی از پریشانی

هوای عاشقی دارد دلم،
تنها تو می‌دانی!

دلت را آسمانی کن
نترس از این قمار عشق پنهانی!

دلم می‌خواهد امشب با تو باشد
مست و بی‌پروا
به مهمانی...

شبنمی و آه

یک روز همچون شبنمی
گلبرگ احساس تو را
شستم به اشک خاطره
آرام رفتم از برت

یک روز همچون آفتاب
گیسوی گلفام تو را
در نور دادم بوسه‌ای
آرام رفتم از برت

یک روز همچون قاصدک
در تندباد یک نفس
پرپر شدم بر دشت‌ها
آرام رفتم از برت

یک روز تار جان من
در زیر ضرب زخمه‌ها
بگسست بند از بند جان
آرام رفتم از برت

یک روز همچون شعله‌ای
می‌سوختم جان تورا
یک روز بر آتش زدم
آرام رفتم از برت

در اوج پرواز سخن
در بیکران واژه‌ها
خاموش هم چون یک غزل
آرام رفتم از برت

یک روز آزاد و رها
آهو شدم بر دشت‌ها
ماهی شدم در آب‌ها
آرام رفتم از برت

آن روز باران خسته بود
خورشید از او خسته‌تر
مهتاب را کردم بغل
آرام رفتم از برت

نَک اشک‌های گرم تو
بر پیکر بی‌جان من
در گلشنی همچون بهار
آرام رفتم از برت...

فصل عشق

گوش کن!
چلچله‌ها می‌خوانند
فصل باریدن عشق است
فصل روئیدن برگ
فصل لبخند و ترنم
در هوای نفسی!

گوش کن!
هر نفس باد بهار
پر از آواز امیدست و نشاط
برکه در رقص
باغ در خنده
که گل می‌شکفد

دل من
در نفس خاطره‌ها
نفسم همچو نسیم
می‌کشد بال
در آغوش خیال
می‌نوازد آرام
خواب گیسوی تو را

هدیه‌ام از دو جهان
نفسی‌ست، گرم و عمیق
که نثار تو کنم
تا بخندی به بهار
تا برقصی به چمن
و نفس، در نفس من باشی

هدیه‌ام
زمزمه‌ای ست، ساده و کوتاه
پر از عطر بهار
پر از امید
پر از عشق و صفا...

رهایی

تنهاییِ‌ام را
در آغوش می‌کشم
و بر بال خیال
پرواز می‌کنم

دیاری‌ست خوش!

پروانه‌ها از شمع نمی‌هراسند
باد با قاصدک
مهربان است
گل‌های همیشه بهار،
و چمن‌های همیشه سبز...

با چشمان بسته
در رقص باران و آفتاب
می‌بینمت

طراوتی دیگر دارم
وقتی
از پوسته‌ام
خارج می‌شوم....

اشک فرشته

اشتباه نکن!
فرشته‌ها هم
پنهانی گریه می‌کنند

برای من و تو
که آدم‌هایی هستیم
معمولی...

من هم
چون تو
شلاق خورده‌ام
ولی فریاد نکشیدم
التماس نکردم
خم شدم
تا نشکنم!

من هم
آتش گرفته‌ام
ولی شعله ور نشدم
خاکستر شدم
تا بال پروانه‌ای را
نسوزانم

من هم
از اسب افتاده‌ام،
زمین خورده‌ام
خزیده‌ام
برخاسته‌ام
گاهی دستی مرا بلند کرده؛
ولی برجای نماندم

داغ روزگار
بر پیشانی‌ام است
ولی
خنکای چشمه
بر پوست من جاری‌ست
اشک شوق در چشمم
لبخند بر لبانم

من
دنیا را
با همه مزه‌هایش
چشیده‌ام

دریای آرام
بی‌تلاطم نیست

اگر طغیان نمی‌کند
در عمق جانش
گسل‌هایی می‌سازد،
و فرو می‌رود،
بیشتر
و بیشتر ...

وای اگر
زلزله‌ای رخ دهد
آنگاه
اشک فرشته‌ها را
خواهی دید.

سوخته در خیال

چه دهی جام شراب؟
هم خیال تو مرا می‌فکند
مست و خراب

من که خود
غرق گناهم
به تمنای گلی
قصه‌ی بلبل شوریده چرا پردازم؟

من که از باد هوس
چون علفی می‌لرزم
طعنه بر قامت رقصان گلستان
چه زنم؟

من که خود سوخته
با درد غمت
ساخته‌ام
گر بسوزد دگری
شکوه و حاشا چه کنم؟

من که در راز گل و
قطره شبنم
بی‌دل و حیرانم
معنیِ نقش فریبای تو را
چون فهمم؟

باز کن پنجره را

چشم‌ها را بستم
دل را وا کردم
با امید تو
همه‌ی پنجره‌ها
باز شدند..

باغچه
بوی محبت می‌داد...

رقص گل
در نفس شوق نسیم،
بوسه شبنم آشفته
به برگ گل سرخ،
مرغ عشقی
شاعر،
شاد و سرمست،
در آغوش چمن.

و در این باغ حیات،
دست‌های من تنها،
گرمی دست پر از مهر تو را
می‌جستند...

بازکن پنجره را!
دست‌های من و تو
کاسه خورشیدند...

از دل کاسه دست من و تو
چشمه‌ای می‌جوشد،
که بریزد
بر سرانگشت محبت،
که بشوید
رخ زیبای شقایق،
که رود
تا دل دریا
تا به آن سوی افق
تا لب مشرق خورشید،
فراسوی زمان...

صبح را
در دل خود می‌کارم،
باز کن پنجره را
بر دل من.

بوی خوش می‌آید،
بوی تو،
در نفس پاک نسیم،
بوی عودیست
به جان

در کف دست زمین
گهری ناپیداست
که از آن
قامت سرو تو،
به من هدیه شده است

سرو افراخته‌ای،
آیتی از لطف خدا
راز جاوید شدن
در دل من
چون دل تو
راز خوبی و صفاست

بوسه بر برگ تو
ای سبزترین سرو سهی

بوسه بر خوبترین خاک گهربار
که در دل
دانه‌ی عشق تو داشت

بازکن پنجره‌ی دل
که هوا
روشن شد!

بی نشان

به کجا
نشان یابم
از این آشکار
بی‌نشانی؟

چه بجویم؟
که قرن‌ها
در طلبش دویده‌اند
و نیافته‌اند؟

نه در واژه می‌گنجد،
نه در دیده می‌تابد

و من،
هنوز
پرم از شور بودنش
در هر دم
و تهی‌ام...
تهی‌تر
از تهی‌ترین انبانِ بی‌آستر

نه همت
که سفر را به سر بَرَم
نه درایت
که عشق را
از سر بِنهم

و درونم
کسی زمزمه می‌کند
"ترک کن
این شعر و افسانه را..."

چگونه؟
ترکِ جان است
ترکِ دوست...

او در خانه‌ست
و من
در کوی طلب
در پی‌نشانی
و بهانه...

آغوش صدای تو

آوای نرم بوسه‌ی موج،
بر گونه ساحل
نغمه دل انگیز زنجره‌ها
در خنکای نسیم صبحگاهی...

زیر قدم‌هایم
شن‌ها؛
رقص‌کنان...

نگاه در نگاه خورشید،
لابلای گلبرگ‌های زیبای اطلسی...

خوش‌ترین ترانه زندگی...
لطیف‌تر از آب،
هوای زندگی،
در آغوش صدای تو...

دوباره آغاز می‌کنم...

در تنگنای یک گلو

صد واژه...
صد ورق...
و من،
در تنگنایِ یک گلو...

بی‌صدا،
بی‌نَفَس،
در التهابِ کلامی تازه...

ای کاش بشکند
این بغض
در آرامش آغوشی دیرآشنا...

ای کاش دوا کند
این درد را،
دستانِ گرمِ دوست...

چراغ‌ها خاموش
و زمین در هیاهوی بی‌پایان

زندگی،
کلافی بی‌سر و بی‌مقصد،
پیچیده در خود...

در تپش‌های شتاب زده‌ی زمان،
نبضِ اندیشه
گم شده است...

کاش زندگی و اندیشه
دوباره خلوت کنند.
آرام...
در انتهای کوچه‌ای خاموش،
برای یک لحظه
لحظه‌ای؛ به نام ابد...

اوج خیال

اوج می‌گیرد خیال
سرکشد بر آسمان خاطرات

شوق این پرواز را
شور این احساس را
مستی هر لحظه
مخموری
بدین آواز را

تنها تو می‌دانی و بس!...

ماهکم

دل می‌زنم
به دریای خیال چشم‌های تو
در خواب موج گیسوانت
می‌نشینم
با تو بر دو بال عشق
پرواز می‌کنم...

تا اوج می‌روم،
تا بودن،
تا همیشه بودن...!

چه کسی می‌گوید شب تاریکست؟
با تو،
هر شام
خورشید در میان آسمان پرستاره‌ی دل من می‌نشیند.

جاری‌ترین احساس را در رگ‌های من ریخته‌ای،
زیباترین دنیا را در پیش چشمانم آشکار کرده‌ای،
تو کیمیای عشق را در من زنده کرده‌ای.

و جز عشق چه می‌ماند؟
هرچه دیگر را،
بی‌پروا،
باید گذاشت و
گذشت...

عمر برفی

یک آفتاب کافی است،
یک نگاه!

آدم برفی‌ها می‌دانند
عمر خیلی کوتاه است

خدا نکند عاشق آفتاب شوند...

نور ابدی

الهی!
با تو
دل به روشنایی می‌زنم
حتی اگر

پنجره‌ها خواب باشند
و شب
فانوس نگاهم را
کم رنگ کند
در سینه‌ام
نوری است،
از جنس ستاره،
که تا دورترین افق
مرا با خود می‌برد.

آنجا که
خدا
از هر دریچه می‌تابد.

دعایت می‌کنم

دعایت می‌کنم امشب ز دل
با چشم‌های خیس و بارانی

دعایت می‌کنم امشب
به صد فریاد پنهانی

دلم تنگ است
نگاهم خسته و بیدار
که درد سینه‌ای سنگین
به شب راه سفر بسته!

صدای بارش قلبت،
به طاق بی‌پناه سینه‌ام
رگبار اندوه‌ست

اگر گویی دلم پاک‌ست
دعایت می‌کنم،
ای بهترین من!

دعایت می‌کنم
تا ماه بانو
نور را

فرشی کند در زیر پاهایت
که تا قصر فلک رقصان قدم سازی

دعایت می‌کنم
تا در میان ناجوانمردی و بی‌رحمی
دلت آیینه عشق و امید زندگی باشد
که دریای محبت را به کام عاشقان ریزی

دعایت می‌کنم،
تا هرقدم، در خستگی‌هایت
میان لحظه‌های وهم تنهایی
خدایت همنشین جان و دل گردد

میان لحظه‌های خواب و بیداریت
همه لبخند باشد،
نور باشد، زندگی روید

دعایت می‌کنم،
هرچند راه این گلو
در بغض می‌گیرد

نفس‌هایم،
دعاگویان
به بال عشق در پرواز...

به راه آسمان امشب
شهابی باز می‌تابد ...
کجایی مهربان؟
امشب
دعایم کن!
شب باران دعا شوری دگر دارد...

راز دل

گفته بودی با دل "دوستت می‌دارم!"
دل به دریا زد و گفت،
راز خود را با باد

باد رقصاند هوس را در موج
زورقی برد تو را سوی سفر
دل اسیر غم عشقت به قفس
سخت لرزید و شکست ...

راز دلباختگی را به نهان باید گفت
قصه عشق همانست که شد رازِ نهفت
که یکی شد مجنون
و دگر چون لیلی ...

گوش دریا همه از ناله‌ی عشاق پر است!

روایت باران

روایت دل خستگی ما،
کهن‌ترین افسانه‌ی
آسمان و زمین است

تو
در پی من بودی،
من
در پی چیزی دورتر...
شاید عشق
شاید سراب آن.

تو
دست مرا رها کردی،
و من
بر اَبرها نشستم..

پیدایت کردم
در دورترین نقطه‌ی نبودن...

من
باران شدم و باریدم،
تو
در پناه چتری
از من گریختی

هنوز می‌بارم!
شاید چمن‌ها
سرسبزتر برویند
به زیر پایت...

بر بال امید

نهراسم از باد
نهراسم از بلندای افق
سوزش ریگ بیابان در پای
بارش مهر
بر این دشت فراخ
همه سهل است؛

مرا سایه تویی...

پشت آن کوه بلند
آب‌ها
منتظر من هستند
تا بشویند
غبار سفر از خسته تنم...

درد عشق

زیباترین دردها،
دردی است درد عشق و من
دردی که ویرانم کند
اما به جان می‌خواهمش

گر خون کند دل را غمش
وز نیست هرگز مرهمش
دانم که نابودم کند
اما به جان می‌خواهمش

گر پرکشم از زندگی
نابود از آشفتگی
شاید فراموشم کند
اما به جان می‌خواهمش

احساس من ژرف است و پاک
چون روی زهره تابناک
گر عشق رسوایم کند
جانا! به جان می‌خواهمش...

زندگی

ساده‌تر نگاه کن!
فقط
یک طلوع است
و یک غروب...

خطی باریک
میان دو تاریخ خالی...

و در این میان،
طوفانی برمی‌خیزد،
بی‌هشدار
و نامش می‌شود
زندگی...

زخم ناسور

زخم ناسور زمان
بر سینه‌ام مانده است
دیرینه،
دردآلود،
بی‌مرهم...

تا کجا
بایدگریست؟
تا کجای این شب سیاه؟

دستی هست
که بغض مرا
از گریبان جهان
برچیند؟

بزن زخمه‌ای
بر تار دل!

عشق را در میدان این شهر
سر زده‌اند،
بی‌گریز،
بی‌صدا،
بی‌دفاع...

در گلوگاه سیاه این زمان،
بغض غیرت نیست؛
زخم کهنه‌ای ست،
زخم کینه دیرینه‌ای ست...

و در این آتش
در این شام تبدار،
چشم‌های عاشق من
تا افق می‌روند

تا بگویند راز هرنفس را
و حرمت لحظه‌ها را
در خلوت بی‌معشوق...

کاش
آواز پرشور تو
زودتر می‌خواند؛
در گوش فلک،
در باد،
در نای من...

کاش
صدای تو را می‌شنید
مَرغزاری
که در انتظار یک قطره عشق
به آسمان خیره شده!
آسمانی که نیست....

وهم مه آلود

دراین اوهام زیبای مه آلود
به دنبال تو
می‌گردم.

نگاهت را
در شبنمی خاموش،
در بوسه‌ای از صبح
می‌جویم.

چون خورشید نشسته‌ای،
روشن و خندان،
میان بیشه‌زار دل.

از چشم تو
دنیا را
آکنده از عشق و طرب می‌بینم.

می‌پنداری
خزانم؟
سرد و غمگینم؟

اگر سرخم
به رنگ دلم
اگر زردم،
طنین آفتاب توام...

من
بهار عاشقم!
دلداده‌ای سرمست و رنگین!

در شکوفه‌های یاس گم می‌شوم
در خنده زنبق‌ها
بی‌صدا
لبخند می‌زنم

و تو
در نسیم
صدای مرا می‌شنوی

"هنوز دوستت دارم...
آرام،
چون نفسی
در سینه‌ای زمین..."

مهر ماه

جمعه عصری زیبا،
خسته از بازی گرگم به هوای کوچه
خسته از دلهره‌ی مشق سیاه فردا!

تب خورشید فروکش می‌کرد
لب حوض کاشی
خواب قیلوله عصر...

کودک سرخوش و سرمست دلم
بی‌خبر از فردا
فکر یک بازی تازه
هوس بازی قایم باشک
هوس سرسره،
الاکلنگ

وه، چه رویای خوش و کوتاهی!

کاش می‌شد که نباشد به دلم
دلهره‌ی مشق سیاه فردا!

کولی پیر زمان
باز با خود

شنبه را آورده...

کفش‌هایم تنگ است...

تَرَک باریکی
بر لب کاشی حوض،
و نگاهی که در آب
پی آن کودک گم گشته
به من می‌نگرد...

پاییز عاشقانه من

هر بهار،
مرغ عشقی
بر شاخه‌های نو رَس من
آشیانه می‌سازد.

هر سحر،
با یک غزل
برگ تازه‌ای زیر بال‌هایش می‌رویانم.
برگ می‌لرزد،
او می‌خواند.

هر غروب
زیر پلک ماه
آرزویی را پنهان می‌کنم؛
شاید این بار...
شاید
این پاییز...

شاید این پاییز
بازوانش را به دور شانه‌هایم
حلقه کند..

باز پاییز می‌شود!
پرم از رنگ،
پرم از آواز
با چشمانی
خیره در تنهایی خود

آشیانه‌ها تهی
پر ز پژواک پریشانی
و باز
طنین تنهایی
از لابلای برگ‌های خشک...

به زودی
دوباره خواهم خفت
در آرامش رخت سپید
بی‌برگ خواهم ماند،
بی‌پرنده،
بی‌مرغ عشق

اما هنوز
در جایی دور
در نای جانم
آوازی هست

شاید بهار
نغمه‌ای دوباره
مرا بیدار کند.

نگاهم
در دهلیز نوری
که از روزن چشم تو
می‌تابد....

سبزترین فصل بی‌برگی

گفته بودی سهراب؛
"زندگی خالی نیست"

کاش بودی اینجا!
تا ببینی
که هوای نفسم
دم به دم،
آغشته به آوای خوش چلچله‌هاست

کاش بودی اینجا!
تا ببینی
که در این فصل خزان
دل من،
دشت پر از یاس و اقاقی شده است

فصل آغاز من است!
فصل من،
فصل شکوفایی عشق است و امید!

فصل من برگ ندارد
فصل من،
با همه بی‌برگی خود
سبزترین فصل خوش دوستی است

رنگ هر لحظه‌ی من
رنگ هزاران غزل است
تپش لحظه‌ی من
"زنده ترین"
قصه‌ی تاریخ جهان خواهد شد

دوباره... نفس می‌کشم!

دوباره..
نفس می‌کشم!

زنجره‌ها
هم صدا با ما می‌خوانند
کبوترها
هم بال ما
به پرواز در می‌آیند

زمین،
بهشت موعود ما خواهد شد!

کدام سرما؟
کدام زمستان؟
پنجره را نخواهم بست!
نسیمی عطر تو را
با خود می‌آورد
عطر سکرآور عاطفه،
عطر وفا،
عطر جاودانگی.

دوباره...
نفس می‌کشم!

هر نفس ظهور عشق است
میان لحظه‌ای که گذشت
و لحظه‌ای که خواهد شد...

چشم‌هایم را می‌بندم!
در آیینه خیال
ماه می‌نشیند

چه شوری دارد
عاشقانه،
بیدار نشستن
بر بستر شب!

صدای تو را می‌شناسم
سکوتت را،
و آن تپش پرشور نفس‌هایت را

نفس‌های تو
با من یکی است.

من بوی بهار را می‌شناسم...

دوباره
نفس می‌کشم!
بهار
در جان من روییده است.

نغمه‌ی هستی

زمان
این آسمان،
مست از نگاه توست

زمین فرشیست از نقش و نگار تو.
هوا آکنده از عطر نفس‌هایت...

دمادم شور عشق تو به جان
ای نغمه‌ات،
ساز خوش هستی!
سرور بودنم از توست.

جهانم،
جانم،
ایمانم همه از تو.

توانم تو..

کجا بی تو بمانم لحظه‌ای
زیباترینِ لحظه‌های بودنم
از توست...

صدایی می‌گوید: وقت رفتن است (بهار نزدیک ست)

باران می‌بارد!
بهار نزدیک است...

در نگاه تو می‌نشینم.
نگاهی پاک‌تر از سپیده،
درخشان‌تر از آفتاب
ساده‌تر از مهتاب،
و روشن‌تر از آبگینه.

و باز،
ساده،
چون نسیم بهار،
چون رود،
چون باد پاییزی،
چون برف....

در نگاه تو می‌نشینم،
و
می‌گذرم!

به سان چشمه ساران
بوسه‌ای می‌نشانم
بر سنگ؛
می‌روم
بی‌هیچ...

بهار نزدیک است...

فرزندان اسفند
مژده‌ی روییدن می‌آورند،
مژده‌ی زایش
تازگی،
شادی،
عشق....

نه!
نه آنکه زخم‌ها را نمی‌بینم،
نه آنکه درد را نمی‌شناسم،
نه آنکه با اشک، غریبه‌ام...

از دل‌های پاره پاره به شمشیر کلام،
از ناله‌های مدفون در آوار،

از فریادهای گم شده در کوه،
از کالبدهای سوخته در آتش،
از آواز حباب‌ها در عمق دریا،
نغمه‌ای سر خواهم داد:

نغمه‌ای ماندگار،
که شاید روزی
کودکی در گوش جان نی لبکی
بنواید.

نغمه‌ای از ژرفا،
که برمی‌خیزد از جان من،
و در آغوش آرامش تو
فرود می‌آید.

صدایم را می‌شناسی.
در آغوشت می‌کشم،
در لبخند تو،
در سکوت تو،
ای آرامش جاودانه‌ی من
جایی
فراتر از زندگی

با تو پرواز می‌کنم،
تا همیشه...

بهار نزدیک است...

آسمان،
باز اشک می‌ریزد
یکی می‌شکفد
چون غنچه‌ی بهار
و دیگری،
سر بر می‌کشد
سبز و استوار.

و آن یکی سقوط می‌کند
در اعماق تاریکی...

یکی،
در گل و لای می‌نشیند
و آن یکی مرواریدی می‌شود
در دل دریا
منتظر صیادی
دلارام.

شبنمی
و رنگین کمانی
در آغوش آسمان،
چشم به راه...

باز،
چشمه جاری می‌شود.
باز، زمین می‌خندد.
دریا آرام است.
صدایی می‌گوید:
وقت رفتن است.

ای حجم توخالی من
در انتظار چیستی؟

افق در تو پیداست...

بهار،
نزدیک است..

بهار من

بهار که می‌شود
تو لبخند می‌زنی،
و من ترانه می‌شوم،
نغمه می‌شوم.

در ریزنای پرنده کوچکی
که هر صبح
بر لب پنجره می‌نشیند،
آواز می‌خوانم.
طرب می‌شوم،
شور می‌شوم،
پژواک تو می‌شوم!

بهار که می‌شود،
تو لبخند می‌زنی
و من همراه نسیم
می‌پیچم،
در شاخه‌های ترد
می‌نشینم،
بر گونه‌ی لطیف شکوفه‌های گیلاس.
بر گلبرگ غنچه‌ها بوسه می‌زنم،
شبنم را می‌رقصانم،
و عطر مریم را در آغوش می‌گیرم.

همراه یاس‌های زرد،
پرواز می‌کنم
در تبسم خورشید
به چشمه زلالی می‌نشینم
و راهی می‌شوم
تا رود،
تا دریا
در دل موج
بر گونه ساحل
بوسه‌ای می‌زنم

آنگاه می‌پیوندم
به اقیانوس عشق تو
و دیگر
کرانه‌ای نخواهد بود...

بهار هم بهانه‌ای است،
برای از تو گفتن،
برای این انتظار دردآلود.

هر بامداد،
در آرزوی صدای تو

و وعده‌هایی
که در گوش باد
خوانده‌ای،
و من
باور کرده‌ام...

گاه
یادمان می‌رود
شکوفه‌ها
می‌زایند،
می‌ریزند،
و باز می‌گردند

گاه، یادمان می‌رود،
ما
ماندگار نیستیم...

رودها همیشه جاری نخواهند بود
ماهی‌ها
زندگی کوتاهی دارند.
ماهی‌ها را
به خاک نمی‌سپارند.

کسی بر مزارشان
نخواهد گریست!

شاید اگر می‌دانستیم
این،
آخرین وعده‌ی دیدار ماست
شاید اگر می‌دانستیم
این،
تنها فرصت
برای ساده خندیدن است،
شاید اگر می‌دانستیم
این لحظه،
همان فردایی است
که باید آخرین سلام را نفس بکشیم

شاید؛
یکدیگر را،
تنگ‌تر
در آغوش می‌گرفتیم!

بهار من!
با تو،
هر فصل من بهار است

تو،
هر لحظه با منی؛
در منی...

تو را
نفس می‌کشم...

تو لبخند می‌زنی
و من
به عشق لبخند تو،
هر صبحدم
دوباره،
ترانه می‌شوم
و رویای تو را
تنگ‌تر،
در آغوش می‌گیرم...

دلم پرواز می‌خواهد!

رها بر بام این هستی،
رها در روشنای مهر،
رها چون مرغکی عاشق،
رها...
در آسمان نیلی مواج،
جدا از دام صیادان
پی یک جرعه آزادی،
دلم
پرواز می‌خواهد...

سکوتی تلخ،
آنسوتر،
پر از پژواک آدم‌ها...

چه شمشیری است،
بُرّنده؛
پنهان در نیام سرخ لب‌هاشان!

نمی‌خیزد نوایی از دل عشاق...

برای یک نفس خواندن،
کنار تو
برای یک سرود،
از ژرفنای سینه تنگم
پی یک نغمه‌ی شادی

دلم
آواز می‌خواهد...

چون آن یک ریشه‌ی خشکیده
چون یک شاخه‌ی تنها
گذشتم از کویر تشنه صحرا،
ترک‌ها مانده برجانش
از زبان داغ دوران‌ها...

گذشتم از خرابی‌ها!

برای نقطه پایان قحطی‌ها،
پی یک جرگه آبادی
دلم
آغاز می‌خواهد...

دو دیده
می‌فشاند اشک؛

ای آمان!
کدامین رهزن
آن لبخند را،
از ماه من دزدید؟

برای دیدن یک خنده بر رویت،
برای دل سپردن بر شب تاریک غم‌هایت،
برای با تو گفتن،
با تو دیدن،
با تو بودن،
فارغ از هر داد و بیدادی،

دلم
چشمی دگر،
جانی دگر
آغوش گرم و باز می‌خواهد...

شهاب
از آسمان آویخته،
بهرام و کیوان
خفته در ظلمت.
میان عاشقان کهکشان
از زهره‌ی خنیاگر و مهتاب،
از پروین،
پی عشقی خدادادی،
دلم
یک مونس همراز می‌خواهد...

افق آرام
در رنگین کمان خون،
کند نجوا به گوش باد:
سپیده می‌رسد اکنون!

کبوترها
درون لانه
در خوابند.
پرستوهای تن خسته
و من،
در کنج تنهایی...

رها
در آسمان نیلی مواج،
جدا از دام صیادان،
پی یک جرعه آزادی!
دلم پرواز می‌خواهد...

ای مهربان‌ترین نگاه

چشمانت را بگشا
ای مهربانترین نگاه

شب،
آرام و سبک بال
از خواب باغ می‌گذرد،
در دلم
دعایی روشن است

تو را
به همراه می‌برم...

سپیده،
پنجره را باز می‌کند.
آن سوی افق،
درنایی بال‌های روشنش را گسترده.
سهره‌ها،
به جشن عروسی رنگ‌ها آمده‌اند
و گل‌های زعفران
در انتظار تبسم مهر
به خاک
سلام گفته‌اند.

تو را
به همراه می‌برم...

چشمانت را بگشا،
ای مهربان‌ترین نگاه!

ببین:
خورشید،
چگونه پیکر ارغوان را
بوسه باران کرده است.
دیوار،
غرق پیچک‌های الوان است.
گل‌های مینا
در آغوش بستر خاک آرمیده‌اند،
و شاخه‌های بید،
در نوازش نسیم
دعاکنان می‌رقصند.

افرا،
بازوان برافراشته،
ایستاده بر سجاده نور
همراه من
برای تو

نماز می‌خواند...

چشم‌هایت را بگشا،
ای مهربان‌ترین نگاه!

رنگ‌ها،
با تو سخن می‌گویند:
از قصه بهار،
از آفتاب تابان تابستان،
از دل‌هایی که
در این فصل عاشقی
بر فرش برگ‌ها
قدم زده‌اند...

من
در چشمان تو
زندگی را دیده‌ام،
لب‌های تو راوی روشنایی‌اند،
و دستانت
با معجزه آشنا.

باز بخند!
در لبخند تو
عشق را دیده‌ام
در کلام تو،
امید را یافته‌ام
در کنارت
انسان بودن را
باور کرده‌ام!

چشم‌هایت را بگشا،
ای مهربان‌ترین نگاه!

گل‌های داوودی
مژده بیداری‌ات را داده‌اند
آسمان نیلفام
به آبی آرام پیوسته،
بوی باران می‌آید...

و من،
تو را
به همراه می‌برم.

تو چندتا؟

دو دوتا؟
چهارتا.
دوستت دارم... تو چندتا؟
هزارتا!
نقطه.
دوباره، سرخط.

دوستم داری؟
دیوانه‌وار!
عاشقتم!
من بی‌قرار...

بچگی هم عالمی داشت!
حساب، حساب...
چه بی‌حساب!

پشت دیوار کاه گلی

چارتا دیوار،
دو پنجره،
یه پشت بوم کاگلی.

خانم بزرگ،
یه جفت چشای عسلی،
یه چارقد سفید و صاف ململی،
چادر نماز گل گلی.

اتاق پر از بوی گُلای جنگلی،
مخده‌های رنگی و گل مگلی،
آجیل و میوه و کمی قاقا لی لی،
کتری آب و یک چایی منقلی،

عصر روزای تعطیلی،
پیر و جوون
تو جمع خوب فامیلی،
بزرگترا
نشسته روی صندلی،
بچه‌ها
رو فرش و گلیم،
مشغول خیمه شب بازی،
یا تنبلی.

عمه خانم
به فکر شوهر دادن دختر عموی اولی،
چه کار سخت و مشکلی!

پدر تو فکر
مادر با سینی چایی،
بوی خوش کلوچه‌های نارگیلی،
جاتون خالی!
جاتون خالی!

بهار اومد
بارون اومد
گرما شد و
تابستونم
اومد و رفت!

خورشید
لمید پشت دیوار کاگلی

برگا که ریخت،
حوض رو
خالی کردیم از آب پارسالی

بارون، بارون!
پشت دیوار کاگلی.

دور همون کرسی گرم و زغالی،
عدس پلو
کشمش داغ
بوی گل‌های جنگلی
بوی دیوار کاگلی...

صدای پای بچه‌ها،
صدای سوت بلبلی،
یادش بخیر!
جاتون خالی...

شب یلدا

الا،
یا ایها الساقی!
لباس خستگی‌ها را
ز تن برگیر!
شب خورشید
از ره می‌رسد اکنون...

منم
آیینه و دیوار،
و قابی
یادگار از روزگاری دور...

میان سفره‌ای رنگین،
و ساده؛
کمی نان و پنیر
مشتکی آجیل،
انار دانه دانه،
چایِ شیرین،
یک سبد
شادی!

صدای خنده می‌آید؛
گمانم
میهمان دارم!

به گرد خوان خورشیدی
به پای کرسی گرم نگاه دوست
"که هر دم می‌دهد جانی دوباره"
شکفته
پسته‌ی لبخند لب‌هایم...

درون دل
چه غوغایی است!

شرابی باید امشب
در بلندای شب یلدا،
"که کام دل به بار آرد."

به یاد حضرت حافظ
با جانان
سخن گویم...

الا،
یا ایها الساقی!
بیا
تا فرصتی مانده‌ست
بده جامی دگر
از آن مِی باقی
که راز از سینه بگشایم
و نجوا سر دهم

از شرح مشتاقی...

صدای پای خورشیدست
بر فرق زمین سرد!

منم،
آیینه و دیوار
منم،
این سفره رنگین بی‌تکرار
منم،
این جام می تا وعده دیدار...

اگر تاریخ
تکرار است،
اگر یلدا به یلدا
قاب کهنه
باز جان گیرد،
چرا
هرشب
نباشد شام یلدایم؟

کیمیای عشق

باد می‌وزد.
سوز برف
از شیشه‌های بسته
می‌گذرد...

همه چیز
با بهار آغاز شد
درخت‌ها
هنوز مست خواب بودند،
عشق،
روی شاخه‌های تابستان
گل داد.
خزان
برگ‌های زرد را
روی دفتر زندگی‌ام پاشید
گونه‌های شعرم
سرخ شد...

در من چیزی بیدار شد.
بارید،
خندید،
رقصید؛

آواز خواند...
آسمان سپید شده
زمین سپیدتر...

از زمستان ترسی ندارم!

چه کسی گفته
شب تاریکست؟
تا تو هستی
خورشید
در آسمان پرستاره‌ی دل من
می‌تابد...

جاری‌ترین احساس را
در رگ‌هایم ریخته‌ای.

زیباترین دنیا را
در آیینه نگاهم
منعکس کرده‌ای.

تو
کیمیای عشق را
در من بیدارکرده‌ای.

و جز عشق
چه می‌ماند؟
هرچه دیگر
سایه‌ای است؛
باید بی پروا گذاشت،
و گذشت.

بهار،
دوباره می‌آید...
شاید این بار
جسورتر،
جوان‌تر،
شکوفاتر،
درست مثل من
وقتی
به تو فکر می‌کنم...

امید

هوا
یخ بسته و سرد است.

دلم را
پاک کردم،
به راه بی‌نهایت پا نهادم،
یکه و بی باک،
به شوق دیدنت
کردم گریبان چاک.

هوا سنگین
دو چشمانش ز غم نمناک،
زمان فرسوده،
بی‌طاقت،
درونش
خالی از ادراک.

در این دوران یخ بسته،
به گرمای نگاه تو
به سان چشمه‌ای
جوشیدم از این خاک.

بیا،
ای دوست
در دستان گرم خود
بهاران را
دوباره هدیه کن
بر دامن این تاک...

زمین گرم است!
نهالی،
در میان دل،
نهان دارد...

از آن سو،
از دل افلاک
ندایی
می‌کند پژواک:

بر این تن پوش سیمین زمستانی
بر این رخسار روشن
در حریر برف
هزاران سبزه
خواهد رست.

شقایق
بوسه می‌بارد
به رخسار خس و خاشاک...

بیداری

روزی
سر بر می‌آورم
از خوابی سنگین
که نامش
زندگی است...

آنگاه
با چشمانی بیدار
آغوشم را می‌گشایم
بر جمال زندگی...

هدیه هر صبح من

خورشید هر صبح، تو را به من هدیه می‌کند
با تن پوشی سبز از آرزوها
امروز را در آغوش می‌کشم

نگاهم، رنگ نگاه تو را دارد
هوایم آکنده از نفس‌هایت
درهر تبسم من، خیال تو نشسته...

دنیایی را به من هدیه کرده‌ای
که پر از توست،
ولی به تو تعلق ندارد؛
فقط مال من است!
و من
آن را با دنیایی عوض نمی‌کنم.

برکه‌ی غروب،
خلوتگاه زیباترین خاطرات من است.

شب
آرام سر بر بستر می‌گذارد.

در پلک‌های ماه نگاه کن،
مرا خواهی دید...

آغازی دوباره

از امروز، جور دیگری آغاز می‌کنم!
من، هرروز به تو سلام می‌کنم،
تو هم
به دنیا لبخند بزن،
شاد باش!
در لحظه‌هایت، شادی را به دیگران هدیه کن.
سختی‌ها در برابر توان تو ناچیزند
خدا
درون تو جاری است...
در لحظات آرامش با او خلوت کن،
ساده
رازهایت را با او بگو

من هم،
در میان دست‌های او می‌نشینم...
و هر روز و هر شب
برای تو دعا می‌کنم...

بیا تبسم کنیم،
به روی دنیایی که هرصبح
بی‌دریغ به ما لبخند می‌زند.

باور کن!
باور کن؛
ما،
ثروتمندتر از آن هستیم
که تصور می‌کنی...

روشنایی گم شده

چون آب زلال،
نشسته به دو چشم من؛
روشنایی نگاهم بودی...

دلم که شکست،
با یک قطره اشک،
برای همیشه؛
از چشمم افتادی.

نور را از یاد برده‌ام،
آینه‌ها را هم؛
حتی پنجره‌ها دروغ می‌گویند...

گاهی
روشنایی،
در میانه روز،
گم می‌شود...

فریاد خاک

من با خدای خود
از درد گفته‌ام...

اکنون نوبت تو است:

ای چشم خسته،
در انتظار آفتاب،
باید سفر کنی.

ای دست بسته،
به جستجوی زندگی،
باید گذر کنی.

ای نغمه شکسته در گلو،
فریاد کن!

ای دست‌های من،
همراه اشک‌ها،
تا انتهای گنبد نیلی آسمان،
اکنون سفر کنید.

آنجا،
خدای ما،
در انتظار دعایی
نشسته است.

در گوش آن خدا،
از مرگ کودکان یتیم
از گرسنگی
از مردن ستاره‌ها و از امتداد شب،
از کشتن بنفشه و پژمردن سمن،
از شب نشینی مرداب و اشک ماه،
در سوگ مردان بی‌گناه،

با زمزمه‌یی
شوری به پا کنید،
فریاد غم کنید،
غوغا به پا کنید،
ای سیل عاشقان،؛
عالم فنا کنید...

فصل شکفتن

از من بخواه...
حنجره‌ام را،
نوا،
صدایم را!

من نای و نفس را
به نام تو
در بند می‌کشم؛

در آبشار چشم خود
از رنگ چشم تو
تا سقف آسمان دلم،
رنگین کمانی از مهر
بنا می‌کنم.

هردم، به شوق،
جادوی شعر تو را
در گوش باغ،
زمزمه می‌کنم...

شاید که روزی...

روزی میان غرش طوفان و وهم باد،
روزی میان خنده‌ی خورشید و خواب ماه
یا در میان سکوت تو
و شیون دلم،

در مصرعی نخوانده،
در آغازی از آواز تازه‌ای،
در گیر ودار یک‌گره،
با هم
یکی شویم.

من در سرود تو،
تو،
سرشار زندگی...

در اوج،
در آغوش یکدگر،
تا بی‌نهایت عشق
فریاد بَرکشیم...

پیوند ما،
سرآغاز فصل شکفتن است...

امید نیلگون

آن سوتر از افق
جایی به رنگ خیال،
وهمی مه آلود،
و دستان یک پری...

در انزوای خسته‌ی امواج بی سکون،
در رهگذار باد،
در دهلیز سرد قرن،
یک روزنه
یک نگاه!

روزی
حماسه‌ی لبخند
بر رواق روزگار
از افقی دور... دوردست
سر می‌زند!

قد می‌کشد
میان آبی دریا و آسمان،
بر موج می‌نشیند،
آرام و استوار...

بر قامتش
قبای امیدی است؛
نیلگون.

گنجشکک‌های بی‌خبر

نسیمی می‌وزد
عطر اقاقی، بوی باران،
در میان غنچه‌های نیمه باز و تشنه‌ی گلزار...

نوایی می‌رسد
دیر آشنا،
از سینه افلاک.

میان سینه گلزار،
به خوابی موجگون
بر بستر آلاله‌ها،
نهان از چشم باران و تگرگ و باد
دوگنجشکک،
به امید بهار،
آسوده خوابیده‌اند...

در این تقدیر بی‌تدبیر،
نه در اندیشه باران،
نه در بیم تگرگ و تندر و طوفان...

صدای زمزمه در برگ‌ها،
یک سایه بر دیوار،
هجوم گریه در شاخه...

دو گنجشکک سراسیمه،
یکی لرزان
به سوی آب‌ها، سرگشت
یکی در حسرت پرواز
پنهان در دل گلزار.

دو دلداده
در اندوه جدایی،
یاد آن خوابی
که دیگر بر نمی‌گردد

سکوت،
اندیشه باران،
صدای تندر و طوفان،
هجوم تلخ تردیدی
در این تقدیر بی‌تدبیر....

از پیله تا پرواز

در پیله‌ی زخم‌های کهنه
تا کی پوسیدن؟
فصل شکفتن است
فصل بریدن از بند.

دیگر قولی از تو نمی‌خواهم...

من با پرهایی رنگارنگ
خود را از لابلای تارهای تیره‌ی خوف
آزاد می‌کنم.

عطش این پرواز
هر چند کوتاه
مرا تا انتهای روشنایی می‌برد.

شعری نمی‌خوانم
خود، شعر رهایی‌ام...

نفس گم شده

از بوسه‌های نگفته،
تا کوچه‌های سرمستی
برایت قصه خواهم گفت.

با من بمان...

از تپش‌های سرخ دلم،
و تمنای دیدار تو
در غروب شهریور،
و این نفس‌های گم شده...

می‌دانم
دل تو هم گرفتار نامی‌ست
که بر زبان نمی‌آوری...

معجزه نگاه تو

سیبی آورده‌ام
از درختی رقصان در باد،
سرخی لب‌های حوا
بر صورتش مانده است.

سبزه‌ای چیده‌ام
از کنار برکه‌ای
که ماه در آن وضو می‌گیرد.
جامی پر از آب،
جرعه‌ای آرامش...

صدایی می‌آید:
ستاره چشمک می‌زند،
سهره می‌خواند،
بر بال خیال
در آغوش بهار، پرواز می‌کنم.

سپیدار بلند،
کهنسال تر از مهتاب
دعای خاک را
به آسمان می‌رساند.

قصه‌ها تب دارند،
هوا مست است،
میان مرز خواب و بیداری،
معجزه نگاه تو
دنیای مرا دگرگون می‌کند...

بوی آرامش

امروزم
بوی آرامش می‌دهد...
باران، نم نم، گونه‌هایم را می‌بوسد
انگار دنیا لبخندی روی صورتم می‌کشد.

استکان چای،
و یاد سفره گرم مادر
خورشید، مثل هر روز، به من سلام می‌دهد:
"امروز، ساده، خوشحال باش."

درون من صدایی هست
که حال مرا می‌پرسد
و خدایی
که با من نفس می‌کشد،
لبخند می‌زند،
و امید می‌بخشد

امروز زیباتر از هر روز نفس کشیدم...
زیباتر از همیشه دیدم...

امروز، مثل هر روز
حال تو را می‌پرسم.

بیا
امروز را
با هم زندگی کنیم،
بی‌شتاب،
بی‌دغدغه،
آرام و زیبا...

شب مویه

در این خلوت بی‌ترنّم
در این خسته دوران تنهایی و انتظارم
دمی با نوای دل مرغ خوشخوان این باغچه، هم نوایم
دمی با گل قاصدک، قصه می‌گویم و بی‌صدایم

گهی زنبق و نسترن می‌نشانم در این خاک
گهی زخمه‌ای
بر تن ساز بی جان می‌نشانم.

دوصد حرف در سینه انباشته،
و بغضی گره خورده در این گلو

در این روزگار تلاطم
در این روز و شب‌ها،
که می‌خندم
اما قراری در این دل ندارم،

ندانی...

ندانی!
چه اندازه خالیست جای تو،
ای همنفس!
هم صدایم...!

ره سپار

گاه خاموشم و تاریک
گاه، می‌بینم
گاه، رها...
ره می‌سپارم.
و گاه، لحظه‌ها را
با دلهره، در آغوش می‌کشم.

گاه از هیچ نمی‌ترسم،
گاه، در آغوش پس لرزه‌های واهمه
پناه می‌گیرم.

و آنگاه...
خود را می‌یابم.

درخششی از نور،
در انتظار عبور از روزنه تاریخ.

در جستجوی آینه‌ای،
تصویری،
شعری،
برای بودن؛
برای ماندن!

گاه، در باغ سرسبز تو
شاخه‌ی گلی می‌شوم.
گاه،
نگاه خسته و منتظر
به آسمان می‌دوزم.

دمی، زنجره‌ای تشنه،
میان آب و بی‌آبی‌ام،

دمی دیگر
در دل رود حوادث،
در کمین صید،
یا شاید صیاد...

روزی بال خواهم گشود،
بی پروا، در اوج.

روزی از این مرغزار
به سوی رهایی
خواهم شتافت.

در این توفان خروشان،
نور تابان من،
تویی.

روزی؛
نه چندان دور،
به ساحل امن تو
خواهم نشست.

در انتظار بوسه‌ی سحر

شب آرام...

خفته بر بستر مرغزارهای خسته
زیر چتر ماه
سرو کهن بازوان گسترده است.

دره‌های ژرف
غرق بوی نسترن‌هایند...

کمی این سوترک
کوچه پس کوچه‌های فراموشی
کنج پستویی سرد و تاریک
صدای تپشی...

نگاه بی‌وفای زمان
هزار راز نهفته،
هزار قصه‌ی کهنه،
غریوی خاموش،
زمزمه‌ی آهی
بدرقه‌ی راه آن کولی مسافر...

سفر بهانه‌ی "ما" شدن بود.
سفر، سرود رهایی بود.
بشارت لبخند و آبادانی
برای دل امیدوار و منتظر من.

ابرها خسته‌اند!
بر بام شهر
باران نمی‌بارد...

بیا!
بیا،
به خرابه‌های دلم سری بزن..
روزی، به امید روی تو
آبادترین شهر این دیار بود.

روزی، به شوق یک نگاه تو
با دیده‌ی بی‌خواب
ستاره شمار شب‌ها بود.

به خرابه‌های دلم سری بزن!
هنوز چشم ماه بیدار است.
هنوز،

در این خلوت گنگ،
در این وهم بی‌انتها،
در انتظار بوسه‌ی سحر،
دلم
به ظهور حادثه‌ای
از دل باردار ابر
امید بسته است...

می‌دانم...
می‌دانم، روزی خواهی آمد.
و،
من،
آن روز،
غبار زمین را
بوسه خواهم زد.

من آن روز
سبک‌تر از یک حباب،
در آخرین لبخند خورشید،
بر بال نقره‌ای ماه،
به پرواز در خواهم آمد.

جرعه‌ای نور

سر ز سجاده‌ی مهتاب گرفتم
دیده در دیده خورشید گشودم

سرخوش و مست
به همراه نسیم
در شکن گیسوی مواج تو یک لحظه وزیدم

آسمان آبی و آرام
چشمه نور دمیده ز دل کوه

چه گوارا
که از این چشمه
به یک جرعه
لب دوست چشیدم...

نقاشی بی‌قاب

دنیا
خیلی رنگ دارد...
بعضی از رنگ‌هایش
کشیدنی نیستند...
بعضی دیگر را
نباید کشید.

اما بعضی‌ها
رنگ دلشان را می‌کشند
یا احساسشان را
و این
یعنی رنگ خدا.

گاهی
برگی را می‌کشم که از درخت می‌افتد
تصویری از رهایی،
به رنگ خزان

و گاه نقش چشمه‌ای،
جاری بر بستر سنگ‌ها،
زلال،
لغزان،

روان
به رنگ نور.

اما رنگ تو،
رنگ مهر است و عاطفه،
رنگ عشق است و آزادی،
رنگ بودن،
رنگ شدن
رنگی ورای این دنیا...

با تو،
دلم
رنگی خدایی دارد.

به فرزندم

خورشید گوشواره‌ی نور آویخته است
نسیم در موج موهای تو می‌رقصد
دریای دلت، آبی است و آرام
چشمانت، در چشم افق
و نگاهت، رو به فردایی روشن.

لبخندت صبح را بیدار می‌کند
و پرتو گرم مهربانی‌ات
بر دلم می‌تابد.

صدای قدم‌های تو را می‌شنوم
مثل نغمه‌ای
در کوچه‌های خیال.

و حضورت،
فصل تازه‌ای در تقویم جان من...

فرزندم!

من،
از دیروزها،
از فاصله‌ها،

از گسستن‌ها،
قصه‌ها دارم...

دست‌های کوچک تو،
حلقه گرم بازوانت،
آغوش خداست!

زمین در زیر قدم‌های کوتاه و چابک تو
آواز رستن می‌گیرد،
و حنجره‌ات، بر کنگره عرش
صلای عشق می‌گوید...

من،
از دیروزها،
از فاصله‌ها،
از گسستن‌ها،
قصه‌ها دارم...

فرزند زیبای من،
شروع بی‌پایان من،
لبخند بزن...

تو
از فریباترین واژه،
از فاخرترین اندیشه،
سرودی ماندگار بخوان،
شعر جاودانگی بسرای...

تو،
قصه پیوستن را بگو؛
تا فردا فاصله‌ای نمانده است....

حماسه

هزارانم،
فرسنگ‌ها فاصله
هزارانم،
شکوه و گلایه...
هزارانم،
زخم بر تن،
هزارانم،
خنجر در دل؛
و هزارانم
از این نیز بیشتر

"تو را از من نخواهندگرفت"

تو،
چون چشمه در درون من می‌جوشی،
چون جان،
در نفس‌هایم همراه منی..

تو،
حماسه شعر منی!

سلامت را
در آغوش می‌گیرم،
و دیده را به رویا می‌سپارم.

خواب من،
نور تو را
گرم
در بغل می‌فشارد...

زندگی همین است!

بر ساحل شنی
می‌خوابم،
خوابی کوتاه،
آفتاب پوستم را
کمی تیره می‌کند؛
پشه‌ها اما،
من را نمی‌گزند.

ولی اگر زیاد بمانم،
پوستم می‌سوزد،
و پشه‌ها
حمله می‌کنند...

تنها می‌آیم،
و تنها می‌روم!

اگر خوش شانس باشم،
چند عکس زیبا
با خود می‌برم.

اگر خوش شانس باشم
به موقع می‌روم،

پیش از هجوم پشه‌ها...

شاید
یک عکس یادگاری هم از من بگیرند.

چشم آسمان: معجزه چشم تو

چشم تو
باز که می‌شود
از آغوش سحر
بر آسمان دلم، ستاره می‌بارد

چشم تو
باز که می‌شود
می‌خندد.
نگاه من،
معجزه عسل را می‌چشد.

تو در هر نگاه،
چون چشمه می‌جوشی،
و من
از هر مژه،
چون رود جاری می‌شوم.

چشم تو،
چراغ خانه‌ی قلب من است،
باز که می‌شود
دلم جشن می‌گیرد.

قلب من،
موسیقی چشم تو را می‌نوازد،
ترنم نفس‌های تو
تپش لحظه‌های من می‌شود.

در نگاه آسمان،
معجزه چشم تو،
رازی است ناگفتنی...

من بهانه‌ای می‌شوم،
برای بودن و سرودن تو
تو زیباترین بهانه،
برای خواندن و ماندن من ...

آن سوی این دیوارها

بالای سر آیینه‌ای،
در زیر پامان موج‌ها،
در پیش رو و پشت سر،
دیوارها، دیوارها!

کاکایی طوفان زده،
پنهان ز چشم قوش‌ها،
در جستجوی طعمه‌ای،
در برکه‌ها، شن زارها!

آن سوترک گنجشککی،
تن سوی ساحل می‌کشد،
پنهان به نرمی می‌چمد،
در دامن گل زارها!

توکای ره گم کرده‌ای،
آواز غم سر می‌دهد،
شاید بیابد جفت خود
در خواب گندم‌زارها!

بالای سر آیینه‌ای،
در زیر پامان موج‌ها،

در پیش رو و پشت سر،
دیوارها، دیوارها!

پرگیر، ای مرغ اسیر،
ای مرغ خوش آواز من،
افسانه تقدیر را
فریاد کن هم راز من!

پرگیر ای مرغ همای،
پرگیر سوی جاودان،
رهوار کن زین خستگی
بر بستر رنگین کمان!

دیوار را بشکن! برو!
پرواز کن! پروا مکن!
بر اوج می‌باید تو را،
جای دگر مأوا مکن!

آن سوی این دیوارها،
خورشید خندان می‌شود،
آدم به نام پاک عشق
یکباره انسان می‌شود.

آن‌سوی این دیوارها
آغاز ممکن می‌شود،
بر بال‌های سبز عشق
پرواز ممکن می‌شود.

آن‌سوی این دیوارها
هر خنده رنگی از خداست،
پژواک هر آواز تو،
شعری به رنگ کهرباست.

با تو در آن سوی افق،
آواز ممکن می‌شود،
آن‌سوی این دیوارها،
اعجاز ممکن می‌شود.

حیرانی

عجب دایره‌ای دارد این روزگار!
یکی، حور و ملک را در آسمان‌ها می‌جوید،
یکی منتظر خورشید است...

و یکی،
با امید،
به آن سوی زمان
سفر می‌کند.

یکی به دنبال گوهری‌ست،
لحظه‌ای دل به دریا می‌زند،
لحظه‌ای
در دل صحرا،
در تکاپوی سرابی خاموش
حیران،
قدم بر می‌دارد...

آن یکی،
به دنبال طالع خود،
هم نفس شب و شراب،
خیره
در خوشه پروین،

در ماه،
در زهره؛
ستاره می‌شمارد.

دل من!
تو،
در این شب ابری،
به دنبال کدام ستاره می‌گردی؟

عبور

شب،
در نگاه سبز برکه،
زنی
غرق می‌شود.

بر چهره‌اش، هنوز
نقش زندگی‌ست.
رنگی به لب مانده، ز دوران ارغوان؛
چشمانی مه گرفته،
از باغ آرزو...

دستم،
به جستجوی دو دستش میان آب
آرام،
در شیار دایره‌ها
می‌شود نهان!

شاید دوباره شبی،
یا سحرگهی،
با بوسه‌ای،
به خلوت این برکه سرزند.

آغوش گشاید
و بار دگر به شوق،
رویای خفته خود را
بغل کند!

شاید، سپیده دمی،
همچو شبنمی،
پیش از وداع ستاره و مهتاب با زمین
بار دگر
بر گل آن باغ آرزو
بوسه‌ای دهد...

رازی ست
نهفته از شب
در دو چشم ماه؛
رازی...
به نام عشق.

بازگشت به خود

امروز، همان تویی...

از دریاچه نور،
مهر را،
بر وجود تشنه‌ام می‌افشانم.

انگشتانم را،
به نرمی،
بر پرند نازک آرزوهایم
می‌لغزانم،
و دنیایی را حس می‌کنم
که با تمام زیبایی‌هایش
در انتظار لبخند من ایستاده است...

چشم‌هایم را می‌بندم،
و در آسمان این لحظه
با خوشبختی
بال می‌زنم.

بیا!
هم پرواز من...
برای لذت بردن از زندگی،
تا فردا صبر نکن!

امروز،
همین که با بوسه خورشید
چشمانت را می‌گشایی،
در دلت نگاه کن؛
و ببین
زیباترین هدیه خداوند را...

بازوانت را بگشا،
برای در آغوش گرفتن لحظه‌هایی
که با بودن تو
به وجد آمده‌اند.

خودت را
گرم در آغوش بگیر...

تو نمی‌دانی!
نمی‌شناسی
این زیباترین هنرمند را؛
همان که

در نگاه تو،
در لبخند تو،

با تو،
همراه است...

آیینه را بردار،
و به خودت فرصتی بده...

امروز،
در انتظار همان تویی‌ست
که سال‌ها فراموشش کرده‌ای،
یا
مجبورش کرده‌ای
خودش نباشد.

لبخند نهان

در کرانه می‌نگرم،
و مسحور این زیبایی
توصیف ناپذیر می‌شوم.

آسمان،
دلش را
گشاده‌تر از همیشه باز کرده
تا ابرهای خسته
درنگی بیاسایند.

ابرها
از هجوم
دست کشیده‌اند
و به یکدیگر
لبخند می‌زنند...

آن‌ها هم خوشحالند.

حرکت مردم،
بازی کودکان،
نفس‌ها،
لب‌هایی
در زیر نقابی خاموش...

اما در نگاه‌ها
لبخندی،
آرام،
واقعی،
قصه می‌گوید:

زندگی،
هدیه زیبایی است،
هرچند کوتاه...

کیمیای هستی

آغوش تو،
امن‌ترین پناه من است.
پناهی
به وسعت جانم،
به اندازه‌ی همه‌ی دوستت دارم ها...

آغوشی
برای رستن،
برای رها شدن از بود و نبود.

در عمق آن نگاه غریب،
غرق می‌شوم
به دیار ناشناخته‌ای پا می‌گذارم:
دیار عشق.

آنجا
دوباره
زاده می‌شوم،
بی‌نام، بی‌گذشته،
فقط با تو...

چه سرزمینی است آن دیار؟
می‌گویند
جوی‌هایی از شهد
در نهرهایش جاری‌ست...

و من
با خود می‌اندیشم:
چگونه
تو را
در نهر زمان
جاری کرده‌اند؟
تو که از هر زمان و مکان فراتری...

هنوز...

روزی
چشم باز می‌کنی
و می‌بینی
از کودکیت
فقط
یک خاطره
باقی مانده...

اما من،
در نگاه تو
هنوز
آن کودک سرزنده را
پیدا می‌کنم.

همان که
با تارهای خاکستری
آویخته بر پیشانی
ساز زیبای زندگی را می‌نوازد .

پیام بهار

پاییز،
در افق مه گرفته
عاشقانه
به گریه می‌نشیند

من
در نگاه منتظر شمعدانی‌ها
زیر این برف خاموش
نوای بهاری تازه را
می‌شنوم.

زمستان
چیزی به همراه دارد،
سر آغاز عشقی،
پاک و آرام...

و چنین است...

و چنین است که می‌گذریم،
بی‌آنکه از مرگ هراسی داشته باشیم.
مرگ؟
تنها خوابی دیگر است،
بر بالین شب،
سر می‌گذاریم،
با لبخندی،
و هیچ کس این راز را نمی‌داند...

کشتی‌ای بی‌نام،
که ما را در خود بلعیده است
نه مقصدی،
نه فانوسی در افق.
نام هامان: جاشو.
اسرای سکوت غولی بی‌چشم،
به نام "خود" افتخار می‌کنیم...

فکر می‌کنیم
عاشقیم.
فریاد می‌زنیم
در شهری که حتی پژواک هم
خوابیده است.

از تکه‌های سوخته‌ی آفتاب
سایه بانی می‌سازیم
نامش را "امید" می‌گذاریم...

قهرمانان
از دل افسانه‌ها گریخته‌اند،
و افسانه‌ها
به دنبال رویایی تازه می‌گردند.

زندگی
بر بالین زمان چرت می‌زند،
و زمان،
او را در خواب
می‌بلعد...

خورشید
با خنده‌ای خاموش
از پشت پلک شب
سر می‌زند،
و شب
او را چون رازی در دل خود
فرو می‌کشد.

در این مه بی‌انتها
چه کسی حقیقت را
به راستی
پیدا می‌کند؟

فراموش خانه

چرا گریانم؟
چرا نالانم؟

مسافری،
دیر آشنا،
می‌آید.

پیامی
هر شب و هر روز
مرا استقبال می‌کند.

صدایی مرا می‌خواند:
"چند صباحی بیش نمانده، ای بی‌پناه!"
زمین سرد است،
هوای دل‌ها یخ زده است.

نه فریادی
نه نجوایی از باد در شاخه‌ها...

زمزمه سکوت مرا می‌خواند:

در سرزمین مهربانی
مهربانی غریب است.

تپش‌های فراموشی مرا می‌خوانند:

"کجا ایستاده‌اید
ای رفیقان؟
کجا گم شده‌اید؟

سینه‌هایتان را دوباره بگشایید
بجویید
پشت سنگ‌های خاره
هنوز قلبی سرخ
می‌تپد..."

آغوش

نه کلامی
نه نگاهی
نه حتی لبخند یا اشکی...
هیچ نمی‌خواهم.

از این دنیای پرزخمِ خاموش
فقط "آغوشت را"
به من بده.

بی‌پرسش،
بی‌واژه،
بی‌قانون...

من جز لمس جانِ تو
چیزی نخواسته‌ام.

بگذار تمام جهان
در همان لحظه‌ی یکی شدن ما
فراموش شود.

بگذار، من
در تو
تمام شوم.

خواب آخر

گریه نکنید!
مرثیه نسُرایید!
مرا نه با اشک،
که با آتش یاد کنید.

چراغی روشن کنید
نه از اندوه،
که از عشقی که با هم داشتیم،
اگر داشتیم...

بر خاکم شمع بگذارید،
نه برای ترحم،
برای شجاعانه زیستن.

نگویید "حیف، زود رفت"
بگویید:
رفت،
بی‌آن‌که سرش را پایین بیندازد.

گریه، خیانتی‌ست
به آن‌همه خنده که با هم ساختیم،
به آن سال‌ها که بی‌دلیل،

بی‌قید،
فقط بودیم،
در لحظه،
بی‌نقشه،
بی‌دروغ.

از آن روزها بگویید،
که با یک خنده ساده
به جنگ جهان می‌رفتیم.
از آن شب‌ها
که با یک عطسه،
با یک لغزش،
با یک شوخی بی‌مزه
ساعت‌ها می‌خندیدیم؛
بی‌هیچ ترسی از قضاوت...

بر خاکم گل بگذارید،
گل‌های وحشی،
از همان بوته‌هایی
که زیر پاهای کودکی‌مان رشد کردند.

بعد از من
چیزی نمی‌شود،
شاید بعضی‌ها فراموش کنند،
شاید بعضی‌ها تظاهر کنند.
بگذار هر که می‌خواهد،
و هرکه نمی‌خواهد

بماند و باشد.

وصیتی ندارم،
جز اینکه
برایم ناله نکنید،
اشک نریزید،
دست بر سینه نگذارید

اگر می‌خواهید یادم کنید،
آواز بخوانید،
ساده
بلند
بی‌گریه
دف بزنید!

"چقدر تنبور را دوست دارم.."

اگر خواستید کنارم بمانید،
بنشینید
و از دیروز بگویید
که چطور کنار ساحل،
زندگی را می‌دیدیم و
زندگی، ما را.

شاید
در لحظه‌ی پایان،
یکی از شما بیاید
و دستم را بگیرد
و بگوید
برو!
خسته نباشی
خوابت خوش..

آن‌وقت،
مرگ من هم
شبیه زندگی‌ام می‌شود؛
بی‌تسلیم،

بی‌تظاهر،
با چشم‌هایی باز

به سمت نور.

و برای تو،
ای "هم نفس بی‌تکرار!"
من تو را تا همیشه
دوست خواهم داشت،
در تو زنده خواهم ماند...

تبسم آواز

در سکوت شب،

آوازت تبسم می‌کند؛

هر تار گیسویت

رازی جاودانه را می‌نوازد.

صدای دف؛

ضربان عشق را می‌خواند.

موجی نرم

در جانم جاری است

واژه ها می‌رقصند،

و من،

شعری می‌شوم

برای همیشه...

مجموعه آثار دکتر زهره انصاری

گلگون (مجموعه غزل‌ها)

گلبن (مثنوی)

گلریز (گلچینی از دلنوشته‌ها)

گلزار (شعر نو)

گل راز (رباعیات، دوبیتی)

Gardenia's Heart
(Poems, Short Stories)

برای تهیه کتاب‌ها کیو-آر کد را اسکن کنید.